J.P.Lieckert's
Weinhandlung.

Um das Hochzeitshaus

Entlang der Osterstraße

Bäckerstraße → Münster

Entlang der Weser

Weserschifffahrt

Hochzeitshaus Seite 8–23

Am Markt steht das Hochzeitshaus im Stil der Weserrenaissance, ehemals ein städtischer Festsaal. Dreimal täglich kann man hier das Rattenfänger-Figurenspiel sehen.

Der Mittelpunkt der Altstadt ist der Turm der wiederaufgebauten Marktkirche.

Hameln ist das **Zentrum des Weserberglandes.** Etwa 57 000 Einwohner hat die niedersächsische Kreisstadt.

Die weitgehend **unzerstört gebliebene Altstadt** ist kompakt und doch vielseitig. Osterstraße, Markt und Bäckerstraße bilden die **Fußgängerzonen**. Sehenswert sind aber auch die zahlreichen Nebenstraßen.

Die Weser verbindet Hameln mit der Umgebung. Der Fluss und die umliegenden Berge machen den landschaftlichen Reiz der Stadt aus.

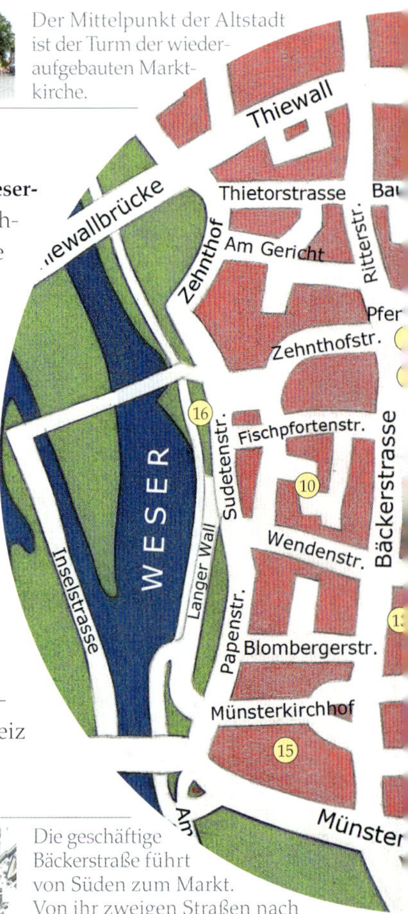

Bäckerstraße Seite 38– 51

Die geschäftige Bäckerstraße führt von Süden zum Markt. Von ihr zweigen Straßen nach Westen zur Weser und nach Osten in das alte Marktviertel ab.

Über die Bäckerstraße gelangt man zur Münsterkirche, dem ältesten Gebäude der Stadt.

Die Osterstraße führt vom Markt nach Osten. An ihr stehen die schönsten Bürgerhäuser der Weserrenaissance wie z. B. das Rattenfängerhaus oder das Ensemble des Museums. Außerdem: zahlreiche Straßencafés!

Osterstraße Seite 24–37

Über die Osterstraße gelangt man zur Tourist-Information.

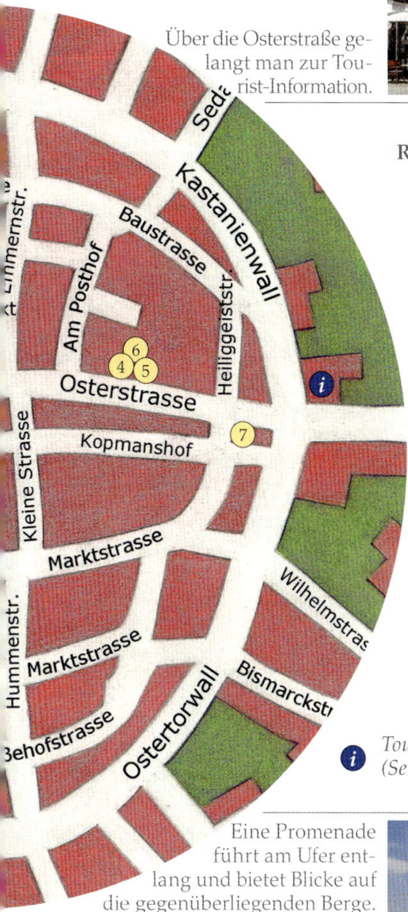

Rund um das Hochzeitshaus

Hochzeitshaus *(Seite 10)* 1

Marktkirche *(Seite 15)* 2

Entlang der Osterstraße

Stiftsherrenhaus *(Seite 27)* 4

Leisthaus *(Seite 29)* 5

Museum Hameln *(Seite 32* 6

Rattenfängerhaus *(Seite 35)* 7

Bäckerstraße ➔ Weserufer

Bürgerhus *(Seite 40)* 10

Rattenkrug *(Seite 43)* 13

Münster *(Seite 46)* 15

Entlang der Weser

Pfortmühle *(Seite 54)* 16

Die Top Ten in Hameln

i *Tourist-Information (Seite 68)*

Eine Promenade führt am Ufer entlang und bietet Blicke auf die gegenüberliegenden Berge. Lohnend: der Abstecher auf den Werder.

Nach Norden begrenzt die nördliche Mündung des Flusses Hamel den Weg, nach Süden gelangt man zum Hafen und zum Schiffsanleger für Ausflüge.

Entlang der Weser Seite 52–63

8 | Rund um das Hochzeitshaus

Am Schnittpunkt der beiden Hauptstraßen – Bäckerstraße und Osterstraße – liegt der historische Markt. Hier errichteten um 1200 die Kaufleute eine eigene Bürgerkirche und bauten ein erstes Rathaus.

Das Rathaus teilte den Markt in den Pferdemarkt an der Kirche und den Kornmarkt vor dem Rathaus.

Rathaus und Marktkirche wurden 1945 zerstört. Die Marktkirche wurde zwar wieder aufgebaut, die Rathaus-Ruine jedoch abgerissen. Dadurch gehen die beiden früher getrennten Marktplätze heute ineinander über.

Rundumblick vom Pferdemarkt (links) über Marktkirche, Hochzeitshaus, Osterstraße, Ratsapotheke und Haus „Alte Sonne" zur Bäckerstraße (ganz rechts)

(1) Das **Hochzeitshaus** sowie die umliegenden Gebäude und Plätze sind das Herz der Stadt. Es ist der klassische Ausgangspunkt des Stadtrundgangs durch die Hamelner Altstadt *(Seite 10)*

(2) Gleich daneben steht die **Marktkirche** St. Nikolai aus dem 12. Jh. mit dem angrenzenden Pferdemarkt *(Seite 15)*

(3) **Dempterhaus**: Renaissancegebäude, Schmiedeeisen *(Seite 15)*

(15) Ein kurzer Abstecher runter zur Weser: **Pfortmühle** *(Seite 54)*

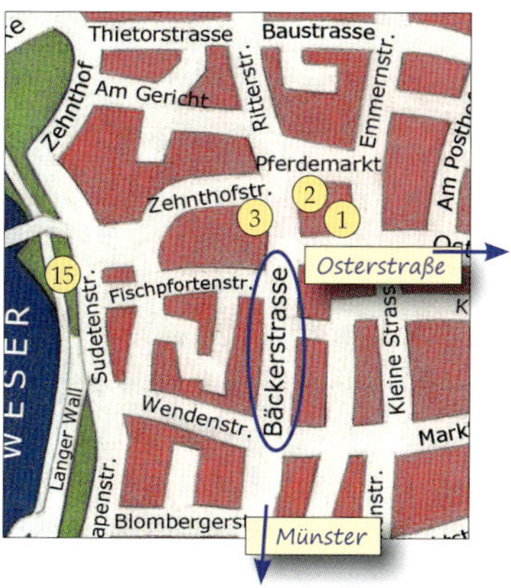

Hochzeitshaus

1
Stadtplan S. 9

Den Namen „Hochzeitshaus“ bekam der prächtige **Renaissancebau** erst in jüngerer Zeit – nach dem Vorbild von Hochzeitshäusern in Oberhessen. Erbaut wurde es 1610–17 unter dem Namen „Neues Gebäude“.

Es diente als **Festhaus der Bürgerschaft:** Hier wurde nicht geheiratet, sondern die „hohen Zeiten“ – Festlichkeiten aller Art – gefeiert. Dazu gab es im oberen Teil einen zweigeschossigen Saal.

Das **Erdgeschoss** sollte die Ratswaage, die Ratsapotheke und die Ratsweinschenke aufnehmen – die Waage zog jedoch nie dort ein.

Das Rattenfänger-Figurenspiel ist täglich um 13.05 – 15.35 – 17.35 Uhr zu sehen

Mitte Mai bis Mitte September wird auf der Hochzeitshausterrasse jeden Sonntag 12 Uhr das Rattenfänger-Freilichtspiel nach der Sage der Brüder Grimm aufgeführt

Ende Mai bis Mitte September kann man mittwochs 16.30 Uhr auf der Hochzeitshausterrasse das Musical „RATS" anschauen, eine humorvolle Interpretation der Sage

Der Schauspieler Mike Boyer aus den USA ist vor über zwabnzig Jahren in Hameln aufgeschlagen. Seither ist Mike hauptberuflich Rattenfänger und Gästeführer

Bis kurz vor **Ende des Zweiten Weltkriegs** blieb die Hamelner Altstadt von Zerstörungen verschont. Ostern 1945 sprengte die zurückweichende Wehrmacht die beiden Weserbrücken, um den heranrückenden amerikanischen Truppen den Weg zu erschweren. Diese schossen daraufhin in die Stadt hinein, bevor die Stadt kapitulierte. Unter anderem wurde die Marktkirche getroffen, ihr Turm fiel brennend auf das Rathaus. Erst 1959 baute man die Marktkirche wieder auf – die Rathausruine wurde abgerissen (Abb. oben).

Marktkirche St. Nicolai und Dempterhaus

(2) Stadtplan S. 9

Der heilige Nikolaus wurde im 13. Jh. als Patron der **Marktkirche** gewählt, weil er auch Schutzpatron der Kaufleute und Schiffer war. Daher zeigt die Wetterfahne auf dem Turm ein Schiff. In die „Laterne" gelangt man bei einer Turmbesteigung.

Nach der Zerstörung 1945 wurde die Marktkirche erst 1959 wieder aufgebaut. Auf den Mauerresten entstand eine moderne Kirche – alte und neue Mauerteile sind an der dunkleren und helleren Färbung der Steine deutlich zu unterscheiden.

(3) Stadtplan S. 9

Das **Dempterhaus** gegenüber zeigt, wie harmonisch sich Stein und Holz verbinden lassen: Auf das steinerne Erdgeschoss und 1. Geschoss aus dem Mittelalter wurde in der zweiten Hälfte des 16. Jh. der Speicherstock aus Fachwerk aufgesetzt.

Tobias Dempter und seine Frau Anna Bock ließen 1607 die Renaissancefassade gestalten.

Marktkirche und Hochzeitshaus bilden den Mittelpunkt der Altstadt. Gegenüber steht das Dempterhaus mit seiner Renaissancefassade zum Markt (Abb. oben)

Der Rattenfänger von Hameln

Der Rattenfänger ist weltweit die bekannteste Sagengestalt aus dem deutschen Sprachraum. Alljährlich zieht er heute Touristen aus aller Welt an. Aber worum geht es eigentlich? Wer war der Rattenfänger?

Der historische Hintergrund der Sage ist bis heute nicht geklärt. So bleibt genügend Spielraum für Theorien, was damals in Hameln geschah...

Immerhin wird immer wieder ein Datum genannt – der 26. Juni 1284. Schriftliche Aufzeichnungen aus dieser Zeit gibt es nicht. Eindeutig nachvollziehbar ist aber, dass das Motiv der Befreiung von einer Rattenplage erst deutlich später hinzugefügt wurde. Nicht der „Rattenfänger“ ist der eigentliche Kern der Sage, sondern der „Auszug der Hamelschen Kinder“.

Die wahrscheinlichste Deutung ist, dass im ausgehenden 13. Jh. junge Bürger – „Kinder der Stadt“ – aus Hameln auszogen, um sich anderswo neu anzusiedeln. Beim bunt gekleideten „Pfeifer“ aus der Sage dürfte

In der Fußgängerzone liegen bronzene Rattenreliefs zwischen den Steinen. Ihnen kann man folgen und dabei die Sehenswürdigkeiten der Stadt entdecken

es sich demnach um einen Werber für die Neubesiedlung der Gebiete des späteren Mittel- und Ostdeutschland mit deutschsprachigen Siedlern gehandelt haben.

Über die Jahrhunderte wurde dies zu einer Sage ausgeschmückt, die immer wieder Schriftsteller inspiriert hat.

Die bekannteste deutsche Version ist die der Brüder Grimm. Aber auch der englische Dichter Robert Browning (1812–1889) verfasste eine Version „The Pied Piper of Hamelin“, über die die Sage weltweit bekannt wurde.

In Hameln selbst erinnern Inschriften am Rattenfängerhaus und am Hochzeitshaus an das von der Sage umwobene historische Ereignis. Schließlich kommen seit Jahrhunderten Menschen wegen des Rattenfängers nach Hameln.

Schon seit langem wird der Rattenfänger als Figur dargestellt und führt Gäste durch die Stadt.

Man kann sich das Rattenfänger-Freilichtspiel oder das Musical „Rats“ anschauen, den Figurenumlauf am Hochzeitshaus oder kleine Ratten aus Salzteig als Souvenir erwerben.

Jacob (1785–1863) und Wilhelm Grimm (1786–1859) wurden mit ihren „Kinder- und Hausmärchen“ weltberühmt.

1816 und 1818 erschienen die beiden Bände ihrer Sammlung „Deutsche Sagen“, in denen unter der Nummer 245 „Die Kinder zu Hameln“ enthalten ist

Vor langer Zeit war in Hameln eine große Not. Ratten und Mäuse waren überall in so großer Anzahl vorhanden, dass man keinen Augenblick mehr vor diesen Plagegeistern sicher war, weil dieselben überall zum Vorschein kamen.

Da ließ sich zu Hameln ein wunderlicher Mann sehen. Er hatte einen bunten Rock an und gab sich als Rattenfänger aus, indem er versprach, gegen ein gewisses Geld die Stadt von allen Mäusen und Ratten zu befreiern.

Der Rattenfänger pfiff darnach auf einem Pfeifchen; da sammelten sich alle Ratten um ihn herum. Dann ging er hinaus, und sie alle folgten ihm. Und so führte er sie an die Weser und trat in das Wasser, woraufhin ihm alle Tiere folgten und ertranken.

Nachdem die Bürger von Hameln aber von ihrer Plage befreit waren, reute sie der versprochene Lohn. Und sie verweigerten ihn dem Mann unter allen Ausflüchten, so dass er zornig und erbittert wegging.

Am 26. Juni, morgens um 7 Uhr erschien der Rattenfänger wieder in der Stadt, jetzt in Gestalt eines Jägers, mit einem erschrecklichen Angesicht und einem grünen, wunderlichen Hut, und ließ seine Pfeife in den Gassen hören.

Alsbald kamen diesmal nicht Ratten, sondern Kinder, Knaben und Mägdelein vom vierten Jahr an, in großer Anzahl gelaufen. Der ganze Schwarm folgte ihm nach und er führte sie hinaus in einen Berg, wo er mit ihnen verschwand.

24 | Entlang der Osterstaße

Die in einem leichten Bogen angelegte Osterstraße, heute eine belebte Fußgängerzone, ist der attraktivste Straßenzug von Hameln: Neben Geschäften, Cafés und Restaurants stehen Häuser unterschiedlicher Epochen – Fachwerk und Steinfassaden, prächtiger Renaissanceschmuck und schlichtere Fassaden späterer Jahrhunderte wechseln einander ab.

Den schönsten Blick hat man vom Rattenfängerhaus aus. Am anderen Ende sieht man auf den Giebel des Hochzeitshauses, rechts den Turm der Marktkirche als Orientierungspunkt.

Blick durch die breite Osterstraße stadtauswärts – vom Hochzeitshaus Richtung Rattenfängerhaus. Links die Neorenaissancefassade des früheren Postamtes

In der Osterstraße, die Hochzeitshaus und Rattenfängerhaus verbindet, sind vier interessante Bauwerke:

④ **Stiftsherrenhaus** *(Seite 27)*

⑤ **Leisthaus** *(Seite 29)*

⑥ **Museum Hameln** *(Seite 32)*

⑦ **Rattenfängerhaus** *(Seite 35)*

Ein Abstecher führt zu Resten der mittelalterlichen Stadtbefestigung:

⑧ **Haspelmathturm** *(Seite 36)*

⑨ **Pulverturm** *(Seite 36)*

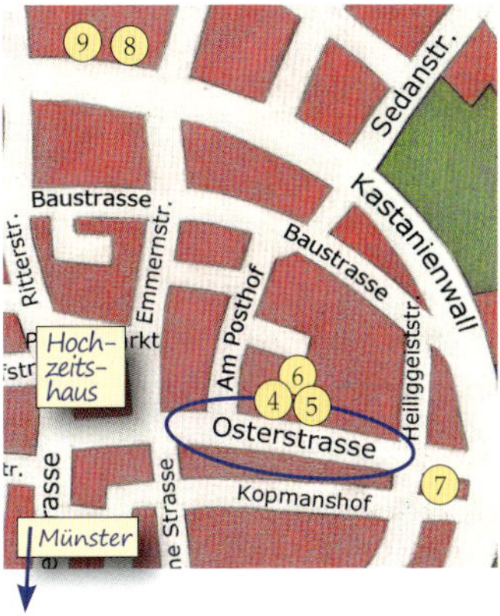

MUSEUMS
CAFÉ

Figuren: der Apostel Judas Thaddäus, die Opferung Isaaks und ein Neidkopf

Die Fächerrosette ist ein beliebter Bauschmuck der Renaissance

Stiftsherrenhaus

4 Stadtplan S. 25

Das **künstlerisch wertvollste** Fachwerkhaus in Hameln ist das „Stiftsherrenhaus", das jedoch nicht etwa von einem Stiftsherrn erbaut wurde, sondern 1558 von dem Kaufmann Friedrich Poppendiek.

Der irreführende Name kommt vermutlich daher, dass es als einziges Fachwerkhaus Hamelns – abgesehen von Ornamenten – auch **geschnitzte Figuren** zeigt, überwiegend aus der Bibel.

Aus repräsentativen Gründen steht das Haus mit der Traufe zur Osterstraße und nicht mit dem Giebel. Mit dem benachbarten Leisthaus (Seite 29) ist es durch eine **Brücke** verbunden. Beide Häuser beherbergen das **Hamelner Museum** (Seite 32).

Die Knagge stellt den oströmischen Kaiser Justinian (527–565 n. Chr.) dar, den Stichbalken über der Figur ziert eine Neidmaske. Diese Masken sind an jedem Balken unterschiedlich gestaltet und sollten Neid und Übel abwehren

MVSEVM

Die Figur der Lucretia im Giebel der Utlucht ist Sinnbild bürgerlicher Tugend

Auch die sieben christlichen Tugenden sind als Personen in der Utlucht dargestellt

Leisthaus

(5) Stadtplan S. 25

Dieses Haus ließ der Kaufmann Gerhard Leist **anno 1585** erbauen. Er übernahm das steinerne Hinterhaus und den Gewölbekeller des Vorgängerbaus, integrierte beide in ein neues Fachwerkhaus und gab eine **verputzte Bruchsteinfassade** zur Straße hin in Auftrag.

Die Backsteine sind lediglich aufgemalt. Säulen gliedern die **Fassade** und Renaissancedekor mit Obelisken, Voluten und Kugeln zieren den Giebel. **Neidköpfe** in Form von Löwenköpfen mit goldenen Ringen zeugen vom Selbstbewusstsein des Bauherrn.

Die linke Fassadenhälfte nimmt die reich verzierte Utlucht ein (= ein allseits befensterter Standerke). Seit 1912 beherbergt das Leisthaus das **Hamelner Museum** (Seite 32).

Alles nur Fassade – Backsteine gab es seinerzeit im Weserbergland kaum, also ließ Gerhard Leist sie aufmalen. Sein Wappen befindet sich links über dem Eingangsportal, das seiner Frau rechts

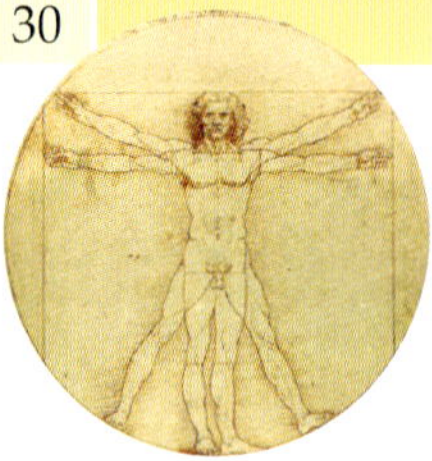

Was ist eigentlich die Weserrenaissance?

Renaissance = Wiedergeburt der Antike zu Beginn der Neuzeit, ausgehend von Italien. Auch die Architektur folgte dem neuen Denken.

Im Gegensatz zur „klassischen" Renaissance Italiens, die direkt auf römisch-antike Vorbilder zurückgreifen konnte, entwickelte sich die **„nordische" Renaissance** als eine Art freie Interpretation.

Zudem verband sie klassische Elemente mit gotischen, also mit traditionellen einheimischen Bauformen. Ein weiteres Merkmal ist das **Fehlen der vollendeten Symmetrie**, auch wenn Gebäude wie Schloss Bevern diese auf den ersten Blick vortäuschen.

Der **Weserraum** mit dem umliegenden Bergland stand in der Zeit zwischen Reformation und dem Dreißigjährigen Krieg in wirtschaftlicher Blüte. Zahlreiche Kleinadelige waren durch unternehmerisches Geschick

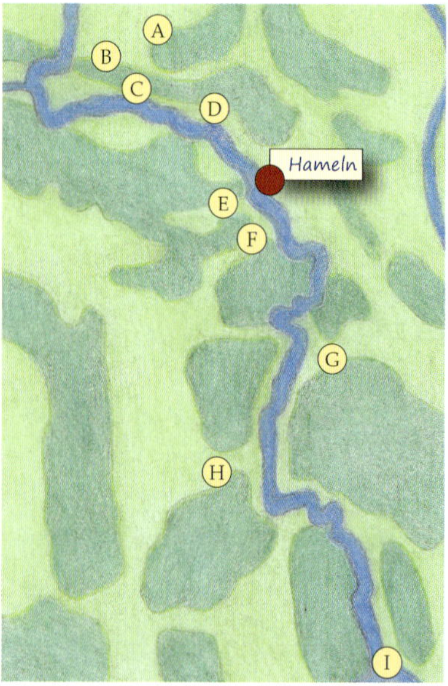

- (A) **Stadthagen:** Mausoleum mit Skulptur von Adriaen de Vries
- (B) **Bückeburg:** Schlosskapelle der Spätrenaissance
- (C) **Rinteln:** Rathaus und Archivhäuschen
- (D) **Hess. Oldendorf:** Schloss des Barons von Münchhausen
- (E) **Schloss Schwöbber:** Wasserschloss, heute ein 5*-Hotel
- (F) **Schloss Hämelschenburg:** ein Hauptwerk der Weserrenaissance
- (G) **Schloss Bevern:** ein weiteres Hauptwerk
- (H) **Höxter:** Rathaus und schöne Fachwerkhäuser
- (I) **Hannoversch Münden:** Rathaus und Welfenschloss

Mit seinen prächtigen farbigen Ornamenten und Figuren bietet das Stiftsherrenhaus den ganzen Formenreichtum der Weserrenaissance

oder als Söldnerführer zu Reichtum gekommen und investierten diesen in **repräsentative Schlösser**, die den Vergleich mit denen des Hochadels nicht zu scheuen brauchten. Und auch **wohlhabende Bürger und Städte** orientierten sich an den Residenzen der Fürsten und übernahmen den neuen Renaissance-Baustil.

Säulen, Gesimse, Voluten und Obelisken schmücken das Leisthaus

Hameln ist nicht nur die Rattenfängerstadt, sondern auch eine Hauptstadt der Weserrenaissance. Der rechte Stadtplan zeigt die sehenswertesten Gebäude – vier Steinhäuser und zwei Fachwerkhäuser.

- (A) **Hochzeitshaus** *(Seite 10)*
- (B) **Dempterhaus** *(Seite 15)*
- (C) **Stiftsherrenhaus** (Fachwerk) und **Leisthaus** (Steinhaus) *(Seite 27 u. 29)*
- (D) **Rattenfängerhaus** *(Seite 35)*
- (E) **Bürgerhus, Fachwerk** *(Seite 40)*

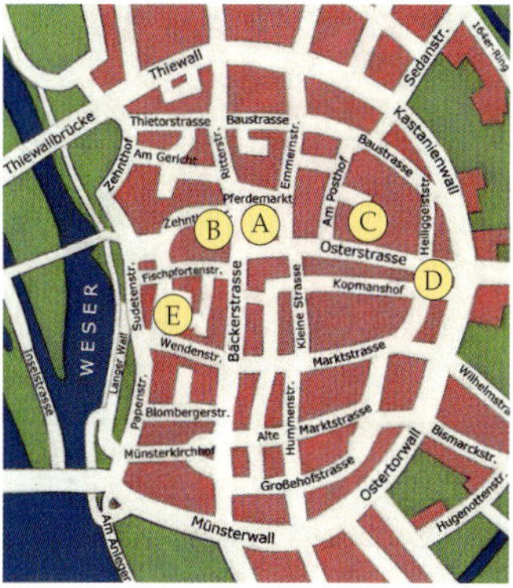

Der Rattenfänger lädt ein in das Hamelner Museum, um die Geschichte seiner „Heimatstadt" zu erkunden. Lohnend auch ein Zwischenstopp im Museumscafe

Museum Hameln

6 Stadtplan S. 25

Seit seiner Gründung 1912 ist das Museum in zwei der schönsten **Renaissancegebäude** der Stadt untergebracht – im Stiftsherrenhaus (Seite 27) und im Leisthaus (Seite 29). Die Dauerausstellung zeigt Exponate zur **Stadtgeschichte** und thematisiert die Biographien wichtiger Söhne und Töchter der Stadt.

Ein eigener Ausstellungsbereich widmet sich der weltberühmten **Rattenfängersage**, zu der das Museum die weltweit größte Sammlung besitzt.

Das aufwendig gestaltete Missale – ein spätmittelalterliches Messbuch – gehört zu den wichtigsten Ausstellungsstücken der Sammlung

Der **Rattenfängerbereich der Ausstellung** spürt den zahllosen musikalischen, künstlerischen und filmischen Bearbeitungen der Sage nach. Ebenso sucht sie nach Antworten auf die Frage, welchen historischen Kern die weltberühmte Geschichte hat.

Ⓐ Die Anfänge Hamelns im **Frühmittelalter**: Von Gründung eines Klosters im 9. Jh. bis zur Etablierung einer Marktsiedlung

Ⓑ Hameln im **Hochmittelalter**, also im 12. und 13. Jh. – jener Zeit, in der die Wurzeln der Rattenfängersage zu suchen sind.

Ⓒ Die Rolle der **Kirche im Mittelalter** in Hameln (Kloster/ Kollegiatsstift, Seite 46).

Ⓓ Hameln als Mitglied des Städtebundes der **Hanse** – der Handel mit Flussschiffen auf der Weser und das Stapelrecht führen zu einer wirtschaftlichen Blüte.

Ⓔ Die Durchführung der **Reformation** in Hameln und deren Folgen.

Ⓕ Hameln als ein Zentrum der **Weserrenaissance** am Vorabend des Dreißigjährigen Krieges (Seite 30).

Das „Mechanische Rattenfänger-Theater" übersetzt die Sage in eine künstlerische Installation. Die Vorstellungen finden täglich statt und dauern zwölf Minuten

Rattenfängerhaus

7
Stadtplan S. 25

Das prächtige **Bürgerhaus der Renaissance** (erbaut um 1603) stand zur Zeit des Rattenfängers noch gar nicht – schließlich geschahen die Ereignisse Jahrhunderte früher im Mittelalter. Den Namen „Rattenfängerhaus" trägt es wegen der ältesten erhaltenen **Inschrift** (siehe unten).

Die unteren beiden Geschosse des Hauses eines Kaufmanns sind aus **Stein** gemauert, während der Speicherstock aus **Fachwerk** besteht.

Die im linken Foto gezeigte, vorgesetzte **Schaufassade** imitiert die Fachwerkhäuser der Umgebung durch senkrechte und waagerechte Bänder aus verziertem Sandstein sowie verputzten Feldern dazwischen.

Mit solch **opulentem Schmuck** aus Kugeln, kleinen Obelisken und schneckenförmigen Voluten zog das Haus natürlich schon zur Bauzeit die Blicke der Passanten auf sich. Neidische Blicke wiederum wehrten zahlreiche so genannte **Neidköpfe** ab.

Der Balken an der Seite fasst das Ereignis in niederdeutscher Sprache zusammen: *Anno 1284 am Dage Johanni et Pauli war der 26. Junii, 130 Kinder verledet, binnen Hameln geborn, dorch einen Piper mit allerlei Farve bekledet gewesen to Calvarie bi den Koppen verloren* (= Anno 1284, am Tage Johannis und Paulus, das war der 26. Juni, sind 130 Kinder verleitet worden, die innerhalb Hamelns geboren wurden und durch einen Pfeifer, der mit allerlei Farbe bekleidet gewesen ist, zu Kalvarien beim Koppen verloren gingen).

Letzter Rest der alten Stadtmauer: Der Haspelmathturm (links) und der Pulverturm (rechts). Das Mauerstück dazwischen wurde 1990 frei rekonstruiert

Haspelmathturm und Pulverturm

(8) und (9) Stadtplan S. 25

Im 13. und 14. Jh. erhielt Hameln eine steinerne Stadtmauer mit fünf Toren, der ein Wassergraben vorgelagert war. Von den einst 22 Türmen überlebten nur der Haspelmathturm und der Pulverturm den späteren Abriss.

Unsere Zeichnung (rechts) bildet den gelb markierten Bereich im historischen Stich von 1741 der Landesfestung ab.

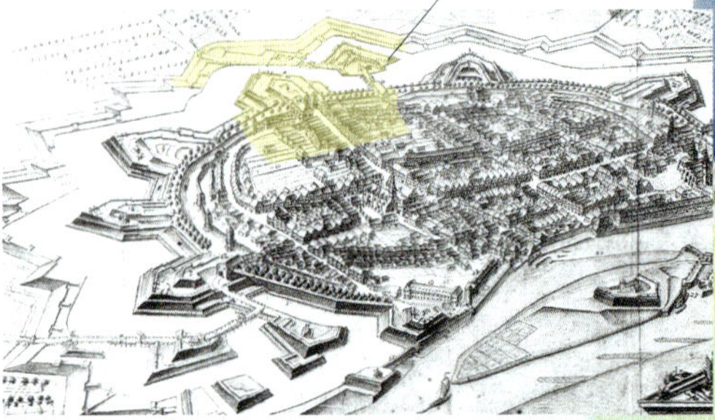

Hameln – das Gibraltar des Nordens

Nach dem Dreißigjährigen Krieg wurde das verkehrsgünstig gelegene Hameln zu einer modernen Landesfestung ausgebaut.

Ein scheinbar unüberwindliches **System aus Gräben, Wällen und Bastionen** mit Kanonenstellungen brachte Hameln die Umschreibung „Gibraltar des Nordens“ ein. Dennoch musste die Stadt bei jedem der folgenden Angriffe kapitulieren.

1808 schließlich ließ **Napoleon** (Abb. oben rechts) die Festungswerke schleifen. Die Abrisskosten bezifferten sich auf – damals immense! – zwei Millionen Franc!

Östlicher Festungsabschnitt mit Blick vom Rattenfängerhaus stadtauswärts:

- (A) Das mittelalterliche Osttor war ein rechteckiger Torturm.
- (B) Der Hauptwall bildete die Hauptverteidigungslinie der Festung.
- (C) 5-eckige, mit Kanonen bestückte Bastionen boten Flankenschutz.
- (D) Inselartige Ravellins sicherten zusätzlich Flanken und Gräben.
- (E) Das neuzeitliche Osttor stand versetzt zum mittelalterlichen Tor.
- (F) Der Abriss der mittelalterlichen Stadtmauer lieferte Baumaterial.

Zur Orientierung: Rattenfängerhaus (Seite 37)

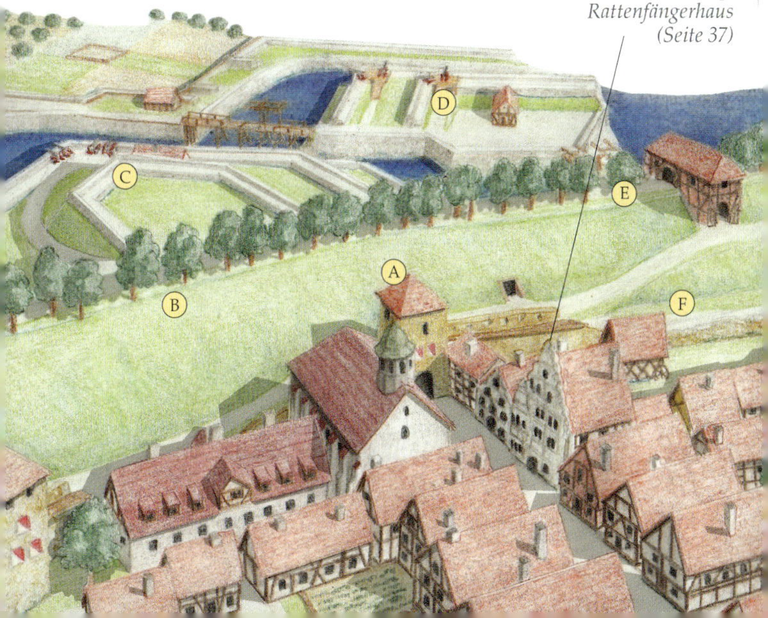

38 | Durch die Bäckerstraße zum Münster

Parallel zur Weser verläuft die Bäckerstraße als zweite Fußgängerzone. Auch sie wird von einem Mix aus Wohn- und Geschäftshäusern gesäumt, errichtet zwischen dem Mittelalter und dem 20. Jh.

Rechts und links zweigen fachwerkgesäumte Straßen ab. Schon Wilhelm Busch, der oft in Hameln bei Verwandten zu Besuch war, durchstreifte mit Interesse die Straßen und zeichnete die Fachwerkhäuser.

An den in Nord-Süd-Richtung laufenden Straßen stehen noch viele der „Buden" genannten Kleinhäuser.

Die Bäckerstraße mit Blick auf den Turm der Marktkirche. In der Mitte rechts die Renaissancefassade des Rattenkrugs, des ältesten Gasthauses der Stadt

Die Bäckerstraße läuft vom Hochzeitshaus zur Münsterkirche. Sie ist die Haupteinkaufsstraße, interessante Gebäude liegen in den Seitenstraßen

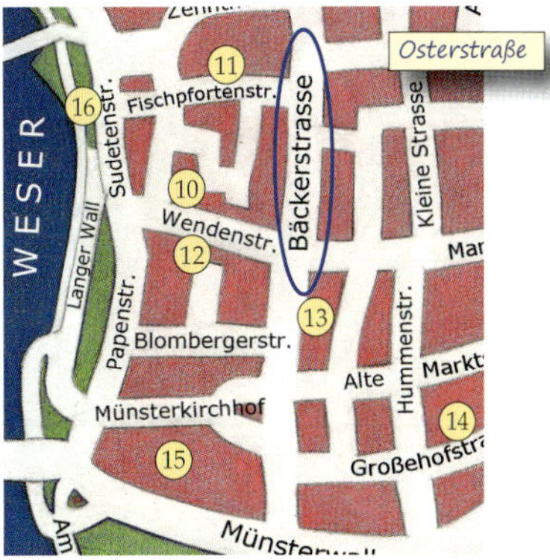

Bürgerhus

(10) Stadtplan S. 39 Das wohl **um 1530 erbaute Bürgerhus** ist ein Schmuckstück unter den Hamelner Fachwerk-Bürgerhäusern der Renaissance.

Es ist über und über mit individuell gestalteten **Halbrosetten** geschmückt. Weiterer Bauschmuck sind an Schiffstaue erinnernde, geschnitzte **Taubänder** und geschnitzte **Vorhangbögen** über den Fenstern des Speicherstocks.

(11) Stadtplan S. 39 Tipp für einen Abzweiger: Im **Wilhelm-Busch-Haus** (Fischpfortenstraße 11) war der große Karikaturist häufig Gast bei den hier wohnenden Verwandten.

Wilhelm Busch, der geistige Vater von Max und Moritz (1832–1908)

Kupferschmiedestraße

KROPP

Lückingsches Haus und Rattenkrug

12 Stadtplan S. 39

Wie beim benachbarten Bürgerhus ist auch das Portal des **Lückingschen Hauses** (Abb. unten) etwas zurückgesetzt. So entsteht der Eindruck zweier Utluchten.

Der Speicherstock und der Giebel sind mit farbig gefassten, reliefgeschmückten **Brüstungsplatten** verziert. Deren Formen mit Ranken und Engelsköpfen verraten dem Bauhistoriker, dass das Haus 1638 bereits am Übergang von der Renaissance zum Barock errichtet wurde.

13 Stadtplan S. 39

Die älteste steinerne Renaissancefassade Hamelns hat der **Rattenkrug** an der Bäckerstraße (Abb. unten). Sie entstand 1568 bei einem Umbau des bereits um 1250 errichteten spätgotischen Gebäudes.

Im Vergleich zum fast vierzig Jahre später errichteten Rattenfängerhaus ist diese Fassade noch deutlich schlichter. Seit 1808 befindet sich hier die **Gastwirtschaft** „Zum Rattenkrug“, das älteste noch bestehende Gasthaus Hamelns.

Das Lückingsche Haus wurde 1638 neu erbaut, während der Rattenkrug an der Bäckerstraße 16 (rechts) sein Aussehen bei einem Umbau 1568 erhielt

Im Fokus: Elsa Buchwitz und die Stadtsanierung

In diesem Bödnerhaus (= Kleinhaus) an der Großehofstraße 31 (links mit der blauen Tür) wohnte Elsa Buchwitz von Ende der 1970er Jahre bis zu ihrem Tod 1997

Dank des Engagements der von Elsa Buchwitz gegründeten Bürgerinitiative blieb die Fachwerkbebauung der Altstadt erhalten, wie an der Ecke Alte/Neue Marktstraße

Ohne Elsa Buchwitz (1929–1997) sähe die Hamelner Altstadt heute völlig anders aus. Daher verdient sie es, hier vorgestellt zu werden.

Geboren 1929 als Elsa König in Hameln, betrieb sie hier ab 1963 ein Hotel. Als der Stadtrat 1967 beschloss, die Altstadt zu sanieren, großflächig abzureißen und neu zu bebauen, formierte sich eine **Bürgerinitiative zur Rettung der Altstadt**.

Elsa Buchwitz wurde eine der treibenden Kräfte. Nachdem sie sich medienwirksam auf dem Schutt von abgerissenen Häusern präsentiert hatte, nannte man sie im Volksmund **„Trümmer-Elsa“.** Es gelang, ein Umdenken hin zu einer behutsamen Sanierung durchzusetzen.

14 Stadtplan S. 39

Bis zu ihrem Tod lebte Elsa Buchwitz in einem von ihr restaurierten Haus aus dem Jahre 1622. Zwei weitere Häuser aus dem 17. Jh. restaurierte sie und eröffnete darin 1983 ein **Pfannekuchenhaus**.

Das Haus von 1620 in der Hummenstraße 12 wurde von Elsa Buchwitz restauriert und 1983 als Café Pfannekuchen eröffnet. Es wird bis heute in ihrem Sinne betrieben

Das Münster

15 Stadtplan S. 39

Das **Münster St. Bonifatius,** in Hameln kurz „Münsterkirche“ genannt, ist das älteste Gebäude in der Altstadt. Die zweitürmige Kirche ziert in vereinfachter Darstellung das Stadtwappen.

Die Kirche am Weserübergang diente um 800 als Eigenkirche einer adeligen Familie, dann als **Klosterkirche** und bis 1850 als Stiftskirche.

Sie wirkt auf den ersten Blick innen und außen **recht einheitlich**. Es fällt nicht sofort auf, dass am Münster über die Jahrhunderte ständig an-, um- und neugebaut worden ist.

Nördliches Querhausportal, um 1230/40 (oben) und Südansicht (rechts)

Übersicht – Münster

(15) Stadt-plan S.39

Das Münster war **Stiftskirche** und ist bis heute eine evangelische Pfarrkirche. Sie verfiel im 19. Jh., konnte aber nach jahrzehntelangen Bemühungen von **Hauptpastor (Senior) Schläger** gerettet und 1870–75 restauriert werden.

Die Aussichtsplattform auf dem Vierungsturm bietet einen Blick auf das Wesertal (Seite 52)

Denkmal des Seniors Franz Georg Ferdinand Schläger (1781–1869)

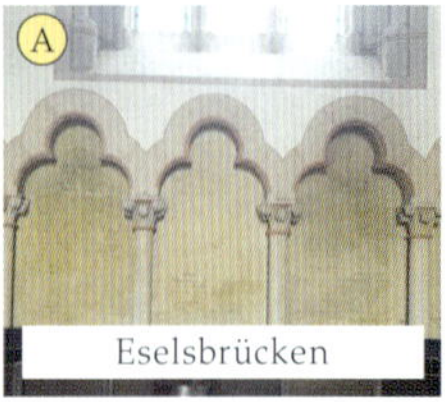

Eselsbrücken

Grabstein

Krypta

Der Innenraum wirkt schlicht, es gibt aber zahlreiche Details zu entdecken, etwa kleine romanische Figuren oben an den Pfeilern. Die Bestuhlung ist ganz auf den modernen Steinaltar unter der Vierung ausgerichtet.

Über den Westturm steigt man hinauf zum Gewölbe über dem Kirchenschiff – und weiter auf den Vierungsturm (links)

Ältester Teil des Münsters ist die romanische Unterkirche (Krypta). Darüber wurde der Hochchor errichtet. Er war ursprünglich den Stiftsherren vorbehalten und vom Gemeinderaum abgetrennt.

Die **Orgel** aus dem Jahr 1980 ist ein Werk der dänischen Orgelbaufirma Marcussen. Ein südlich an die Kirche angebauter **Kreuzgang** ist nicht mehr erhalten, hier lädt heute eine Gartenanlage zum Verweilen ein.

Im Zuge der Innenraumsanierung des Münsters in den 1970er Jahren wurden drei kleine gotische Fenster freigelegt.

Diese erhielten modern gestaltete Glasscheiben des bedeutendenden Glasbildners **Johannes Schreiter** (* 1930), die seit 1976/77 den eher dunklen Raum des Westturms zieren. Ein weiteres großes Kirchenfenster kam 2001 hinzu. Schreiter arbeitet vor allem mit den Farbeffekten weiß, schwarz und rot. Der Raum wird seit der Neugestaltung als Taufkapelle benutzt.

Das Kircheninnere

Ⓐ bis Ⓒ Fotoleiste S. 48–49 unten Der Gemeinderaum ist als dreischiffige Halle gebaut. Das linke (nördliche) Seitenschiff ist deutlich breiter als die beiden anderen.

An der Wand des Nordschiffes fallen die **„Eselsbrücken"** Ⓐ genannten Nischen auf, die mit Säulen und romanischen Dreipassbögen die Wand gliedern. Diese Blendarkaden entstanden bei der Restaurierung 1870/71.

Vor allem im südlichen Seitenschiff sind verschiedene Grabsteine aufgestellt, die sich ursprünglich im Kreuzgang befanden. Besonders auffällig ist der farbig gefasste **Grabstein für Hinrich Jürgen Reiche** Ⓑ.

Die romanische **Krypta** Ⓒ befindet sich unter dem Hochchor auf ursprünglichem Bodenniveau.

Im **Hochchor** fällt das große Ostfenster auf. In der rechten Ecke steht ein um 1270/80 entstandenes Sakramentshäuschen, eines der ältesten noch vorhandenen in Mitteleuropa.

Die Krypta besteht aus der niedrigen Vor- und der Hauptkrypta. Die Vorkrypta (Abb. oben) mit dem mittelalterlichen Taufstein zeigt sich im Zustand von 1120/40

52 | Entlang der Weser

Hameln entstand an einer Furt durch die Weser, die die Ufer und mehrere Flussinseln (Werder) verband. Seit 1300 gibt es sowohl eine Brücke über den Fluss als auch mehrere Mühlen am Ufer.

Heute kann man am Flussufer entlang gehen oder auf dem Weserradweg radeln. Vier Brücken queren die Weser: Anfang der 1970er Jahre kam als zweite Straßenbrücke die Thiewallbrücke hinzu. Die Eisenbahnbrücke am Hafen ist baufällig und gesperrt. Die vierte Brücke ist eine Fußgängerbrücke, die auf den Werder hinausführt

Vom Turm des Münsters blickt man auf das ehemalige Gefängnis, heute Hotel (rechts). Hinter der Rattenfängerhalle (Mitte) liegt der Hafen mit den Wesermühlen

(16) Die **Pfortmühle** ist eine frühere Getreidemühle an der Weser, heute Stadtbibliothek *(Seite 54)*

(17) Zwei Dämme – das obere Wehr (a) hinter der Mühle und das untere Wehr (b) – bilden die **Weserwehr** und stauen den Fluss *(Seite 54)*

(18) Die **Werder** sind zwei Inseln in der Weser *(Seite 56)*

(19) Anleger für die **Ausflugsdampfer** auf der Weser *(Seite 56)*

(20) Der **Klüt** ist Hamelns Hausberg mit Aussichtsturm *(Seite 58)*

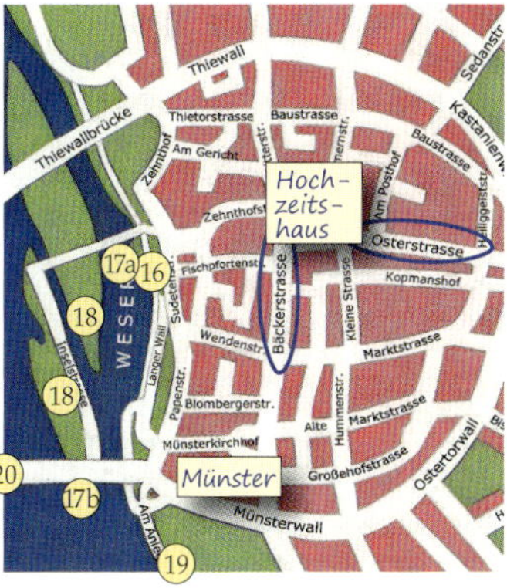

Die Pfortmühle

(16) Stadtplan S. 53 1878 ersetzte eine neue Industriemühle die alte Mühle vor der Fischpforte: Die **Pfortmühle** war bis 1970 in Betrieb und wurde nach Sanierung 1990 als Stadtbücherei neu eröffnet.

(17) Stadtplan S. 53 Das obere und untere **Weserwehr** staut die Weser und sorgt für eine gleichbleibende Wassermenge hinter dem Stau. Für Schiffe gibt es eine Schleuse und für Fische Fischtreppen.

Oberes Weserwehr mit Schiffsanleger

Die neubarocke Fassade der Pfortmühle entstand nach einem Brand 1893. Heute ist sie ein Blickfang am Weserufer, nachdem sie erst abgerissen werden sollte

Hameln – die Stadt der Mühlen

Die Pfortmühle bis 1872

Die ältesten Mühlen Hamelns befanden sich am Flüsschen Hamel und am Stadtgraben, der von der Weser gespeist wurde. Erst mit der Regulierung des Wasserstandes wurde es möglich, dass auch am Flussufer und auf dem Mühlenwerder Mühlen betrieben werden konnten.

Sie waren eine bedeutende Einnahmequelle und gaben der Stadt den Beinamen „Quernhamelen" – Mühlenhameln. Nach Zerstörung der Werdermühle wurden die Wesermühlen 1948 am Hafen neu gebaut und 2013 stillgelegt.

Weserinseln Werder

18 Stadtplan S. 53

Einst teilte sich die Weser im Hamelner Talkessel in mehrere Arme, die im Lauf der letzten Jahrhunderte abgedämmt wurden. In Höhe der Altstadt liegen jedoch immer noch zwei **Werder (= Inseln)** im Fluss.

Der größere **„Schleusenwerder"** lädt als Parkanlage mit Biergarten und Restaurant zur Erholung ein. Auf dem kleineren **„Mühlenwerder"** befand sich bis zur Zerstörung 1945 eine große Getreidemühle.

19 Stadtplan S. 53

Ein Stück südlich der beiden Werder ist der **Schiffsanleger**, von dem in der Saison regelmäßige Rund- und Linienfahrten mit der „Flotte Weser" beginnen (Weserschifffahrt, Seite 60)

Blick von der Münsterbrücke: Von der Pfortmühle (rechts) führt eine Brücke auf den Schleusenwerder (Mitte). Die alte Schleuse trennt ihn vom Mühlenwerder (links).

Zwischen beiden Inseln wurde 1733 die erste Schleuse gebaut. Sie wurde 1872 durch eine größere Schleuse ersetz. Seit dem Bau der neuen Schleppzugschleuse 1932 am anderen Weserufer ist sie außer Betrieb.

Ihre Reste sind zwischen den Werdern noch vorhanden

Panoramablick vom Klüt

(20)

Stadt-plan S. 53

Hamelns **Hausberg** auf der anderen Weserseite, der Altstadt gegenüber, ist ein beliebtes Ausflugsziel. Man kann hinauffahren oder -wandern.

Vom **Klütturm** hat man den schönsten Blick auf die Innenstadt und ihre Umgebung. Hier befand sich bis zur Schleifung ein dreiteiliges Fort der Festung.

Hamelns „Wächter und Wahrzeichen" ist der markante Berg Klüt (258 m ü. N.N.)

Vom ehemaligen „Fort George" hat der Klütturm seinen anderen Namen – „Georgsturm".

Er war jedoch nie Teil der Festung, sondern ist erst später aus Festungsmaterial als Aussichtsturm erbaut worden – nebst Ausflugslokal „Klüthaus".

60 | Weserschifffahrt ab Hameln

Eines der Linienschiffe fährt weseraufwärts über Bodenwerder nach Rühle und zurück. Von Emmerthal erreicht man mit Rad oder Linienbus Schloss Hämelschenburg – oder man wandert auf den Ohrberg. Der Burgflecken Grohnde hat noch eine Weserfähre und ein einladendes Fährhaus.

Ab und zu fährt ein Schiff auch durch die Schleuse weserabwärts nach Rinteln. Dank des Wehres ist auch bei niedrigen Wasserständen oberhalb Hamelns eine regelmäßige Ausflugsschifffahrt möglich.

Die Schönheit des Weserberglandes genießt man am besten auf einer Flussreise vom Schiff aus: Die Schiffe der „Flotte Weser" bieten verschiedene Touren an

(21) **Ohrberg:** Der ca. 45 ha große Landschaftspark lohnt sich vor allem zur Azaleen- und Rhododendrenblüte *(Seite 62)*

(22) **Schloss Hämelschenburg:** Meisterwerk der Weserrenaissance; Führungen *(Seite 62)*

(23) **Bodenwerder:** Geburtsort des berühmten Lügenbarons von Münchhausen *(Seite 63)*

(24) **Schillat-Höhle:** Schauhöhle im Süntelgebirge mit schönen Tropfsteinformationen *(Seite 63)*

(21) Landkarte S.61 *Blick vom Ohrberg auf den Weserbogen am Rittergut Ohr. Sehenswert: der Ohrbergpark, eine Parkanlage im Stil eines englischen Landschaftsgartens*

(22) Landkarte S.61 *Eines der schönsten Schlösser der Weserrenaissance ist Schloss Hämelschenburg im Tal der Emmer. Es kann mit einer Führung besichtigt werden*

(23) Landkarte S. 61 *Bodenwerder ist der Heimatort des weltbekannten Geschichtenerzählers Freiherr von Münchhausen. Museum und Altstadt lohnen einen Besuch*

(24) Landkarte S. 61 *Die ca. 180 m lange Schillat-Höhle beim Dorf Langenfeld im Süntelgebirge, das zum Weserbergland gehört, wurde erst im Jahr 1992 entdeckt*

Aufstieg bis zum Dreißigjährigen Krieges (bis 1648)

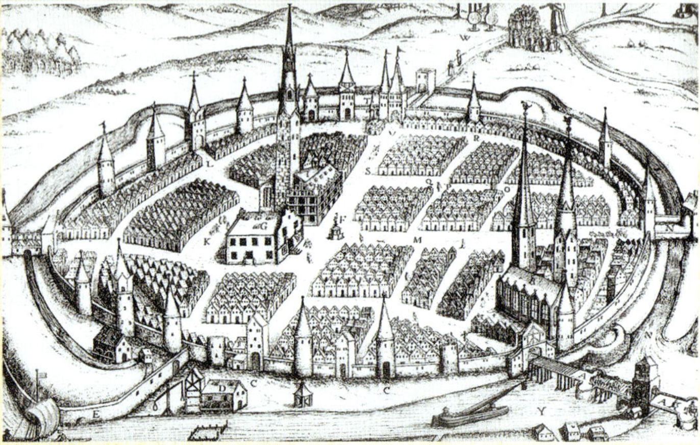

Hameln zu Beginn des Dreißigjährigen Krieges mit der mittelalterlichen Stadtbefestigung (Mauerring und Tore). Man sieht das Hochzeitshaus und die beiden Kirchen

Alles beginnt um 800: Graf Bernhard lässt eine Kirche bauen, in der er mit seiner Gattin Christina beigesetzt werden will. Die beiden sind kinderlos und vermachen ihren Besitz der **Abtei Fulda.**

Junger Patrizier um 1500 in zeittypischer Kleidung

Die Mönche gründen an der Einmündung des Flüsschens Hamel in die Weser ein Nebenkloster. Da man dort die Weser überqueren kann, siedeln sich Händler und Handwerker an. Hameln wächst und wird vom 11. bis 13. Jh. **planmäßig erweitert.** Aus der Marktsiedlung wird eine Stadt.

1259 verkauft der Abt von Fulda Stift und Stadt an den **Bischof von Minden** – gegen den Willen der Bürgerschaft. Am Ende der folgenden Auseinandersetzung wird Hameln Teil des Herrschaftsbereichs der **Herzöge von Braunschweig-Lüneburg.**

Stifterbild des Grafenpaares Bernhard und Christina von Engern und Ohsen

802 Graf Bernhard und seine Gattin Christina gründen eine Eigenkirche

1277 Herzog Albrecht von Braunschweig-Lüneburg erteilt der Stadt Hameln ein Stadtrechtsprivileg

um 1300 Hameln bekommt das Recht, die Weser zu regulieren, und er errichtet die Wehre, eine Brücke und Mühlen am Fluss

1540 Einführung der Reformation in der Stadt

1556 Große Weserregulierung durch die Stadt Hameln, drei Weserarme südlich der Stadt werden „totgelegt" und der Fluss am Ohrberg abgedämmt

1625–1542 wechselnde Besatzungen der Stadt im Dreißigjährigen Krieg

Das Stadtwappen zeigt einen Mühlstein mit Mühleisen, darüber eine Kirche

Quelle des Reichtums – der Weserhandel

Inseln und seichte Stellen in der Weser bei Hameln machten es möglich, dass Kaufleute auf dem **Hellweg**, der großen Handelsstraße Norddeutschlands, hier in Hameln den Fluss überqueren konnten. Zudem bot sich der Strom selbst als Schifffahrtsweg an.

Als die Hamelner die Weser um 1300 aufstauten, mussten alle Schiffe zwangsläufig am Uferhafen anlegen, ihre Waren ausladen und **„stapeln"**, bevor die Boote mit Hilfe einer Rutsche und einer Winde auf die andere Seite des Wehres befördert wurden. Die Hamelner Kaufleute konnten so günstig und ohne großen Aufwand an Waren kommen, die sie dann flussabwärts oder flussaufwärts transportieren und weiterverkaufen konnten.

Das wichtigste eigene Produkt der Stadt war **Getreide**, aber auch **Mühlsteine** wurden gehandelt (siehe Wappen, links). 1426 wurde Hameln Mitglied des **Hanse**-Städtebundes.

Vom Dreißigjährigen Krieg bis heute (ab 1648)

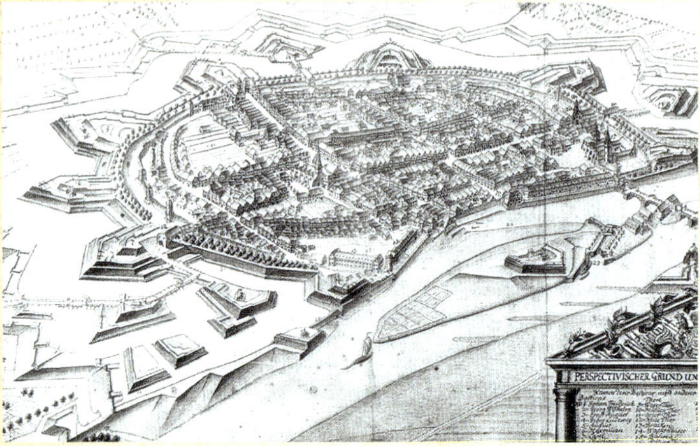

Bald nach dem Dreißigjährigen Krieg wurde Hameln zu einer zum damaligen Stand der Militärtechnik modernen Landesfestung ausgebaut (Seite 38)

Nach dem Dreißigjährigen Krieg verliert Hameln zunehmend seine städtische Autonomie und wird direkt vom **Landesherrn in Hannover** regiert. Das liegt auch daran, dass die Stadt unter Herzog Georg Wilhelm von Braunschweig-Lüneburg 1664–84 **zur Landesfestung ausgebau**t wurde, die 1808 geschleift wurde.

Offizier der braunschweig-lüneburgischen Armee im 17. Jh.

Durch die Ansiedlung französischer Glaubensflüchtlinge 1690 kam frischer Wind ins städtische **Wirtschaftsleben**. Schließlich brachte das 19. Jh. Industriebetriebe und Dampfschiffe auf der Weser, 1872 erfolgte der Anschluss ans **Eisenbahnnetz**. 1866 wird Hameln preußisch.

1973 wird das Umland eingemeindet. Hameln gehört zum **Landkreis Hameln-Pyrmont.**

Herzog Georg Wilhelm von Braunschweig-Lüneburg (reg. 1648–1705)

1733 Bau der ersten Weserschleuse auf dem Werder. Die heutige Schleuse wurde 1932 eröffnet

1821 Friedrich Wilhelm Sertürner (1783–1841), der Entdecker des Morphins, wird Ratsapotheker in Hameln

1945 Mit dem Einmarsch amerikanischer Truppen in die Stadt endete am 7. April der Zweite Weltkrieg für Hameln. Zuvor Sprengung der Weserbrücken durch deutsche Truppen und Beschuss der Stadt durch die Amerikaner

1969 Beginn der Altstadtsanierung, die das heutige Stadtbild entscheidend mit geprägt hat

1974 Bau der Thiewallbrücke über die Weser, die Osterstraße wird Fußgängerzone

Die Rattenfängerstadt wird Touristenstadt

Der Weser-Radweg ist etwa 500 km lang und weitgehend asphaltiert

Der Bekanntheitsgrad der Rattenfängersage zog schon in früheren Jahrhunderten Besucher nach Hameln, nicht zuletzt Gäste aus dem nahe gelegenen Kurbad Pyrmont.

Aber erst seit dem 19. Jh. gab es so etwas wie **„Fremdenverkehr"** im Weserbergland. Erste Ausflugsdampfer befuhren die Weser, Reiseführer beschrieben die Orte rechts und links des Flusses. Hameln wurde zum Mittelpunkt dieser Ausflüge, es entstanden erste Cafés und Ausflugsgaststätten in und um die Stadt.

Drei Aussichtstürme (Klüt- und Bismarckturm, Sünteltum) wurden **Wanderziele** in der Umgebung. Um 1900 kreuzten sich in Hameln drei Eisenbahnlinien und mit beginnender Motorisierung gelangte man über zwei Fernstraßen in die Stadt. Seit 1975 führt die **Deutsche Märchenstraße** durch Hameln und das Weserbergland. Aber auch der Fahrradtourismus entwickelte sich, seit der **Weser-Radweg** durch Hameln führt.

TOURIST-INFORMATION

Deisterallee 1, 31785 Hameln
(Info-Zentrum am Bürgergarten)

Tel. 05151 / 95 78 23
E-Mail: touristinfo@hameln.de

Geöffnet: Mo. bis Fr. 10-16 Uhr, Sa. 9.30-13 Uhr, Sonn- und Feiertage geschlossen

Stadtführungen: "Hamelner Highlights" April bis Okt. tgl. um 10.30 Uhr und 14.30 Uhr ab Tourist-Information. Nov. bis März Sa. 14.30 Uhr, So. 10.30 Uhr. Wolf-Larsen-Tipp sind Erlebnisführungen mit dem Rattenfänger!

ANKOMMEN

Zug: Der Bahnhof liegt ca. 1 km von der Altstadt.

Fernbus: Haltestelle am Bahnhofsplatz

Auto: Nächste Anschlussstellen der A 2 sind Rehren (21 km), Bad Eilsen (24 km) und Lauenau (30 km).

Flieger: Der nächste Flughafen ist Hannover-Langenhagen, ca. 70 km. Airlink mit der S 5.

RUMKOMMEN

Alle hier im Reiseführer genannten Sehenswürdigkeiten sind zu Fuß zu erreichen.

Busse ins Umland: Infos unter www.oeffis.de.

UNTERKOMMEN

Mehrere Hotels in der und um die Altstadt, zudem Pensionen und Ferienwohnungen. Infos und Adressen unter www.hameln.de

RESTAURANTS

Rattenkrug (Bäckergasse 16): Das ältestes Gasthaus in Hameln, Seite 43.

Pfannekuchenhaus (Hummenstraße 12): Eröffnet 1983 von Elsa Buchwitz in zwei alten Fachwerkhäuschen, Seite 45.

Museumscafé (Osterstraße 8): Caféhaus im Stiftsherrenhaus, Seite 27.

Wochenmarkt: Mittwoch und Samstag 7-13 Uhr auf dem Rathausplatz.

Wolf Larsen an der Weser

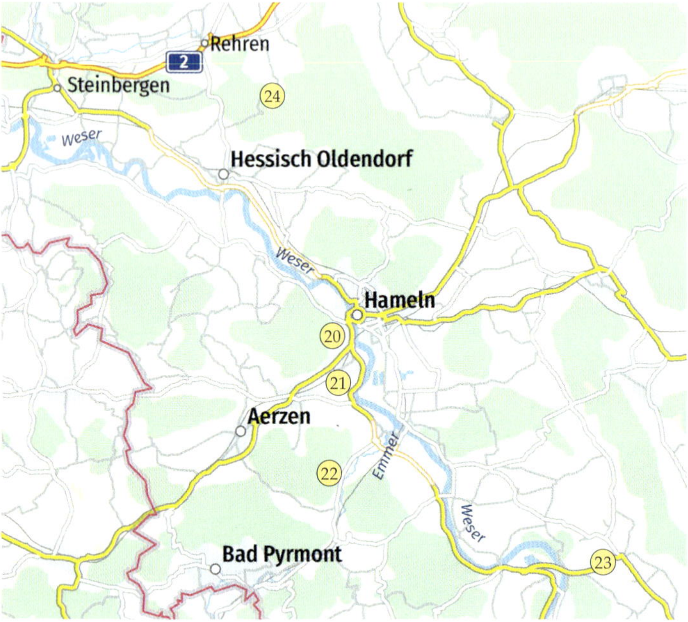

Um's Hochzeitshaus

1. **Hochzeitshaus** *(Seite 10)*
2. **Marktkirche** *(Seite 15)*
3. **Dempterhaus** *(Seite 17)*

Entlang der Osterstraße

4. **Stiftsherrnhaus** *(Seite 27)*
5. **Leisthaus** *(Seite 29)*
6. **Museum Hameln** *(Seite 32)*
7. **Rattenfängerhaus** *(Seite 35*
8. **Haspelmathturm** *(Seite 36)*

9. **Pulverturm** *(Seite 36)*

Bäckergasse → Münster

10. **Bürgerhus** *(Seite 40)*
11. **Wilhelm-Busch-Haus** *(Seite 40)*
12. **Lückingsches Haus** *(Seite 43)*
13. **Rattenkrug** *(Seite 43)*
14. **Haus Elsa Buchwitz** *(Seite 45)*
15. **Münsterkirche** *(Seite 46)*

16. **Pfortmühle** *(Seite 54)*

Entlang der Weser

17. **Weserwehr** *(Seite 54)*
18. **Werder** *(Seite 56)*
19. **Schiffsanleger** *(Seite 56)*

Klüt *(Seite 58)*

Weserschifffahrt

21. **Ohrberg** *(Seite 61)*
22. **Schloss Hämelschenb.** *(Seite 61)*
23. **Bodenwerder** *(Seite 62)*
24. **Schillat-Höhle** *(Seite 62)*